Impressum
Verlag: BABADADA GmbH, Nedderfeld 112 , 22529 Hamburg
Geschäftsführer / Verlagsleitung: Harald Hof
Druck: Books on Demand GmbH, In de Tarpen 42, 22848 Norderstedt

Imprint
Publisher: BABADADA GmbH, Nedderfeld 112 , 22529 Hamburg, Germany
Managing Director / Publishing direction: Harald Hof
Print: Books on Demand GmbH, In de Tarpen 42, 22848 Norderstedt, Germany

школа
de School

делити
delen

186/2

дошка
de Tafel

класна кімната
de Klassenstuuv

шкільний двір
de Schoolhoff

вчитель
de Schoolmeester

папір
dat Papeer

писати
schrieven

ручка
de Sticken

письмовий стіл
de Schrievdisch

лінійка
dat Lienholt

книга
dat Book

учень
de Schöler

ранець
de Ranzel

пенал
de Feddermapp

олівець
de Bleesticken

точило
de Scharpmaker

гумка
dat Radeergummi

альбом для малювання
de Tekenblock

малюнок

de Teken

пензель

de Pinsel

коробка фарб

de Malkassen

ножиці

de Scheer

клей

de Klever

зошит

dat Heft to'n Öven

домашнє завдання

de Huusopgaav

12

число

de Tall

2+2

додавати

tohooptellen

5-2

віднімати

aftrecken

2×2

множити

malnehmen

рахувати

reken

A

літера

de Bookstaav

ABCDEFG HIJKLMN OPQRSTU VWXYZ

абетка

dat ABC

hello

слово

dat Woort

текст

de Text

читати

lesen

крейда

de Kried

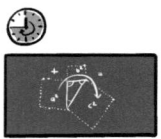

година

de Stunn

класний журнал

dat Klassenbook

екзамен

de Pröven

диплом

dat Tüügnis

шкільна форма

de Schooluniform

освіта

de Utbillen

лексикон

dat Nakieksel

університет

de Universität

мікроскоп

dat Mikroskop

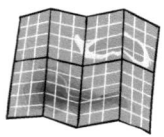

карта

de Koort

кошик для паперу

de Papeerkorf

школа - de School

подорож
de Törn

готель
dat Hotel
Grand
турбаза
de Harbarg
ROOMS
EXCHANGE
обмінний пункт
de Wesselstuuv
валіза
de Kuffer
автомобіль
dat Auto

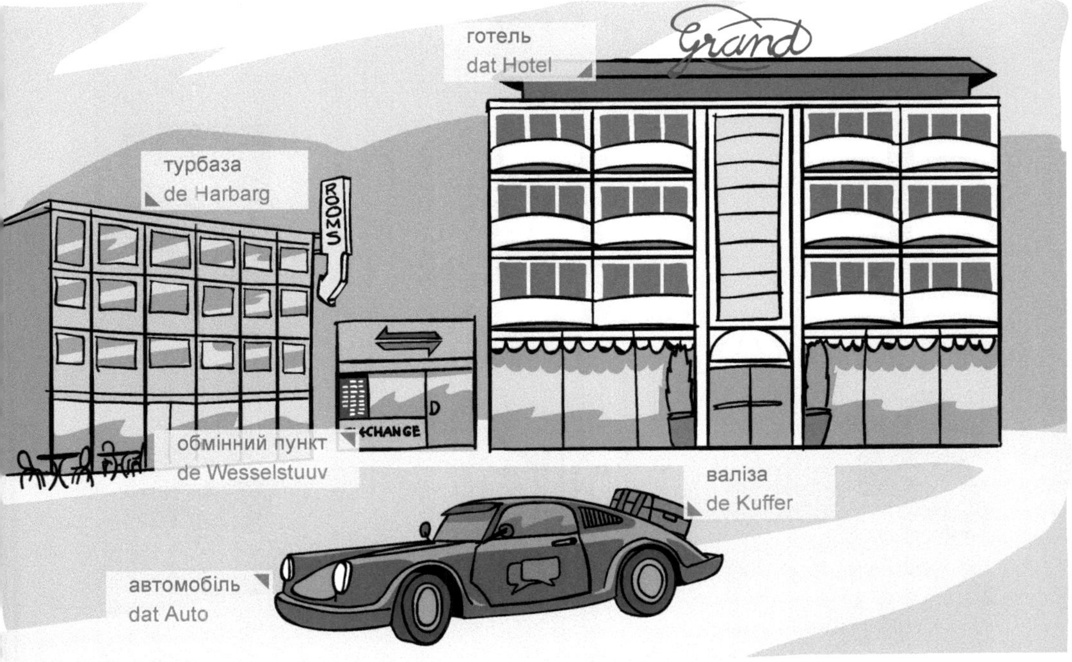

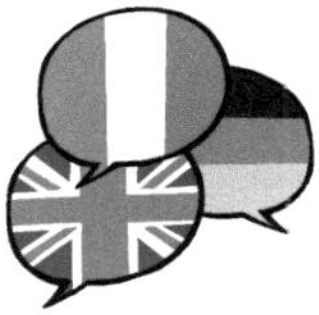

мова
de Spraak

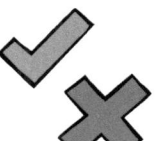

так / ні
jo / ne

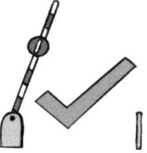

добре
Jo

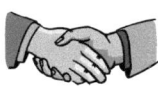

привіт
Moin

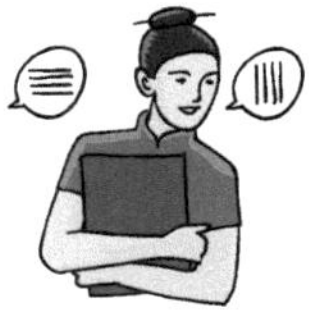

перекладач
de Översetter

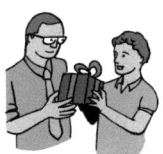

дякую
Dank ok

Скільки коштує ...?

Wat kost...?

Я не розумію

Ik verstah nich

проблема

dat Problem

Добрий вечір!

Goden Avend

Доброго ранку!

Moin!

На добраніч!

Gode Nacht!

До побачення

Tschüüs

напрямок

de Richt

багаж

de Bagaasch

сумка

de Tasch

рюкзак

de Rüchsack

гість

de Gast

кімната

de Stuuv

спальний мішок

de Slaapsack

намет

dat Telt

подорож - de Törn

туристична інформація

de Touristeninformatschoon

пляж

de Strand

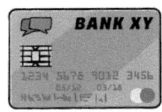

кредитна картка

de Kreditkoort

сніданок

dat Fröhstück

обід

dat Meddageten

вечеря

dat Avendeten

квиток

de Fohrkort

ліфт

de Fohrstohl

поштова марка

de Breefmark

межа

de Grenz

митниця

de Toll

посольство

de Bottschop

віза

dat Visum

паспорт

de Pass

транспорт

de Transport

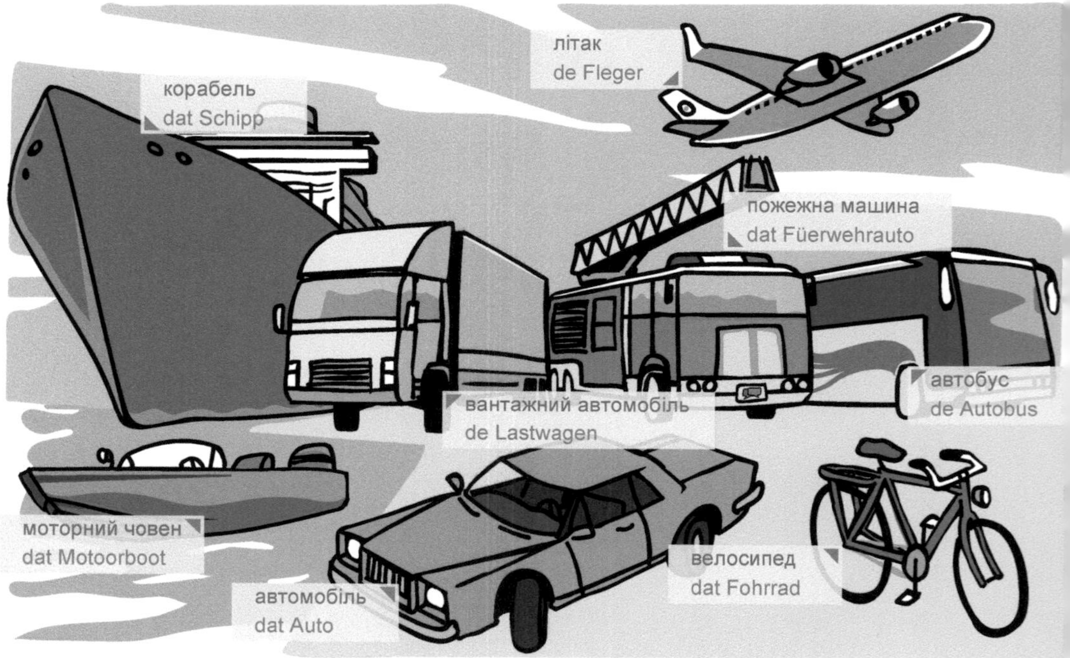

літак
de Fleger
корабель
dat Schipp
пожежна машина
dat Füerwehrauto
автобус
de Autobus
вантажний автомобіль
de Lastwagen
моторний човен
dat Motoorboot
велосипед
dat Fohrrad
автомобіль
dat Auto

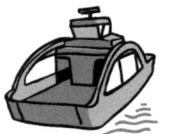

пором
de Fähr

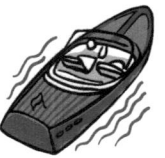

човен
dat Boot

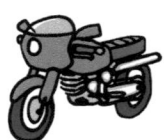

мотоцикл
dat Motoorrad

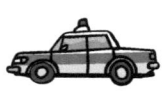

поліцейська машина
dat Polizeiauto

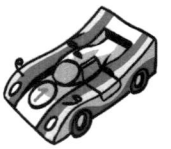

гоночний автомобіль
dat Rönnauto

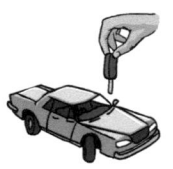

автомобіль на прокат
de Lehnwagen

спільне користування авто
....
dat Carsharing

евакуатор
....
de Afsleepwagen

сміттєвоз
....
dat Müllauto

двигун
....
de Motoor

паливо
....
de Kraftstoff

автозаправна станція
....
de Tanksteed

дорожній знак
....
dat Verkehrsschild

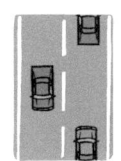

рух
....
de Verkehr

затор
....
de Stau

стоянка
....
de Afstellplatz

вокзал
....
de Bahnhoff

рейки
....
de Sporen

потяг
....
de Tog

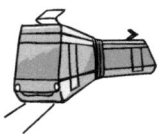

трамвай
....
de Stratenbahn

вагон
....
de Wagon

гелікоптер

de Dwarsmöhl

аеропорт

de Flooghaven

вежа

de Tower

пасажир

de Fohrgast

контейнер

de Grootkist

коробка

de Karton

візок

de Koor

кошик

de Korf

стартувати / приземлятися

starten / lannen

місто
de Stadt

село

dat Dörp

центр міста

de Binnenstadt

дім

dat Huus

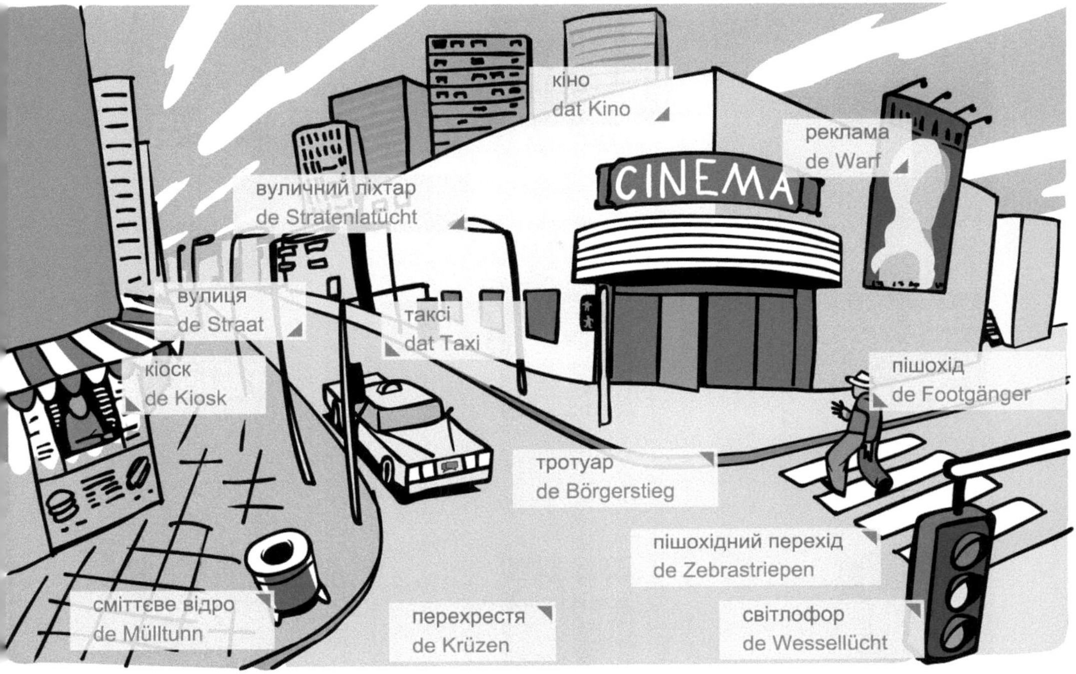

кіно
dat Kino
реклама
de Warf
CINEMA
вуличний ліхтар
de Stratenlatücht
вулиця
de Straat
таксі
dat Taxi
кіоск
de Kiosk
пішохід
de Footgänger
тротуар
de Börgerstieg
пішохідний перехід
de Zebrastriepen
сміттєве відро
de Mülltunn
перехрестя
de Krüzen
світлофор
de Wessellücht

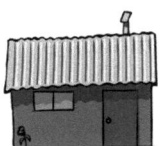

хатина

de Hütt

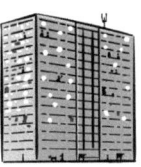

квартира

de Wahnung

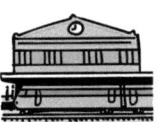

вокзал

de Bahnhoff

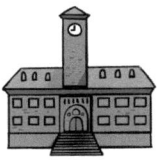

ратуша

dat Raathuus

MUSEUM

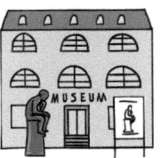

музей

dat Museum

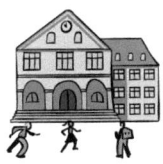

школа

de School

університет

de Universität

банк

de Bank

лікарня

dat Krankenhuus

готель

dat Hotel

аптека

de Afteek

офіс

dat Büro

книжковий магазин

de Bookhökerie

магазин

de Hökerie

квітковий магазин

de Blomenhökerie

супермаркет

de Supermarkt

ринок

de Markt

універмаг

dat Koophuus

торговець рибою

de Fischhökerie

торговельний центр

dat Inkoopszentrum

гавань

de Haven

парк

de Parkanlaag

лава

de Bank

міст

de Brüch

сходи

de Trepp

метро

de Ünnergrundbahn

тунель

de Tunnel

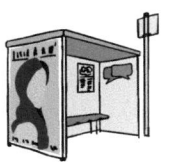

автобусна зупинка

de Busstoppsteed

бар

de Bar

ресторан

dat Spieslokal

поштова скринька

de Breefkassen

вулична табличка

dat Stratenschild

лічильник паркування

de Parkklock

зоопарк

de Deertenpark

басейн

de Baadanstalt

мечеть

de Moschee

ферма

de Buernhoff

забруднення навколишнього середовища

de Ümweltversmudden

кладовище

de Karkhoff

церква

de Kark

дитячий майданчик

de Speelplatz

храм

de Tempel

ландшафт
de Landschop

листок
dat Blatt

вказівний стовп
de Wiespahl

шлях
de Weg

луг
de Wisch

камінь
de Steen

дерево
de Boom

мандрівник
de Wannerer

річка
de Fluss

трава
dat Gras

квітка
de Bloom

долина

dat Daal

гора

de Barg

озеро

de See

ліс

dat Holt

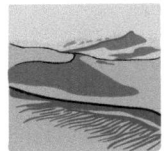

пустеля

de Wööst

вулкан

de Füerspien Barg

замок

dat Slott

веселка

de Regenbagen

гриб

de Poggenstohl

пальма

de Palm

комар

de Steekmück

муха

de Fleeg

мурашка

de Miegeemk

бджола

de Imm

павук

de Spinn

жук

de Sebber

жаба

de Pogg

вивірка

de Katteker

їжак

de Swienegel

заєць

de Haas

сова

de Uul

птах

de Vagel

лебідь

de Swaan

кабан

dat Wildswien

олень

de Hirsch

лось

de Elk

гребля

de Staudamm

вітряк

dat Windrad

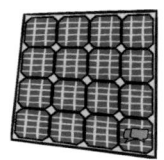

сонячний модуль

dat Solarmodul

клімат

dat Klima

ресторан

dat Spieslokal

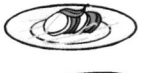

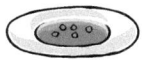

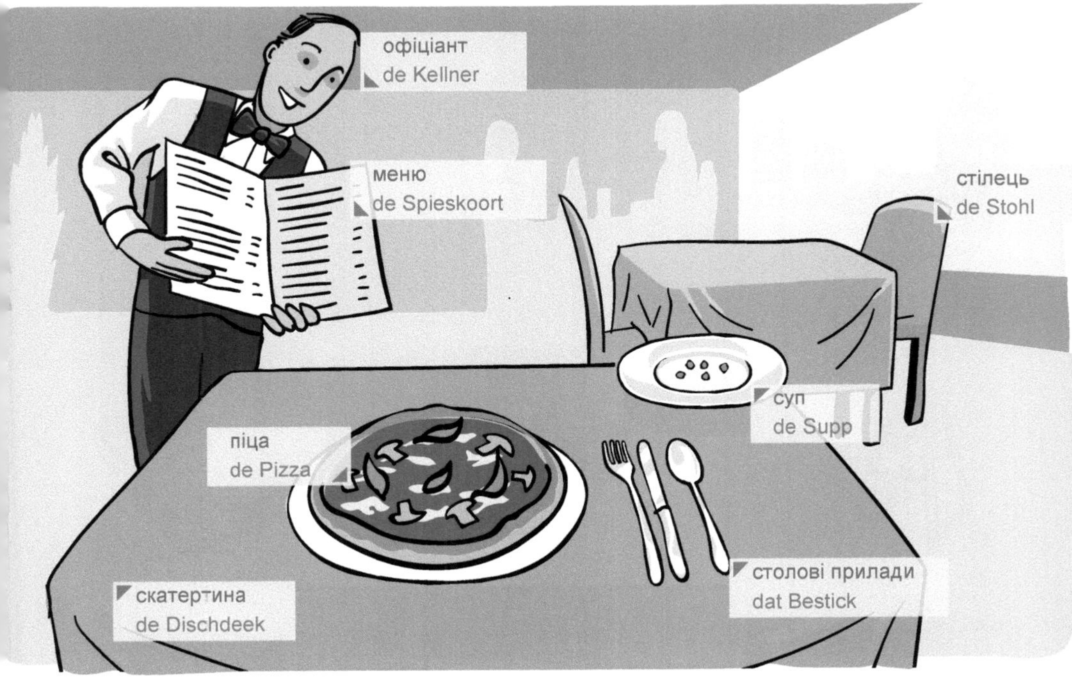

офіціант
de Kellner
меню
de Spieskoort
стілець
de Stohl
суп
de Supp
піца
de Pizza
столові прилади
dat Bestick
скатертина
de Dischdeek

закуска

de Vörspies

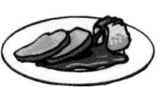

друга страва

dat Haupteten

десерт

de Nadisch

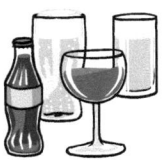

напої

de Drünk

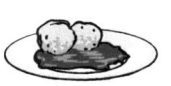

їжа

dat Eten

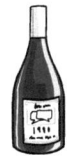

пляшка

de Buddel

фаст-фуд

dat Fastfood

вулична їжа

dat Strateneten

чайник

de Teekann

цукорниця

de Zuckerdoos

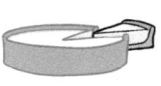

порція

de Portschoon

еспресо-машина

de Espressomaschien

високий стільчик

de Hoochstohl

рахунок

de Reken

піднос

dat Tablett

ніж

dat Mess

вилка

de Gavel

ложка

de Lepel

чайна ложка

de Teelepel

серветка

dat Munddook

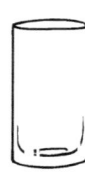

склянка

dat Glas

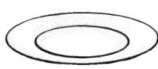

тарілка

de Töller

тарілка для супу

de Suppentöller

блюдце

de Ünnertass

соус

de Sooß

солонка

de Soltstreuer

млин для перцю

de Pepermöhl

оцет

de Etig

масло

dat Ööl

спеції

de Krüder

кетчуп

de Ketchup

гірчиця

de Mostrich

майонез

de Mayonnaise

супермаркет

de Supermarkt

пропозиція
dat Anbott
FOR
клієнт
de Kunn
молочні продукти
de Melkprodukten
фрукти
dat Aaft
візок для покупок
de Inkoopswagen

BUTCHERS

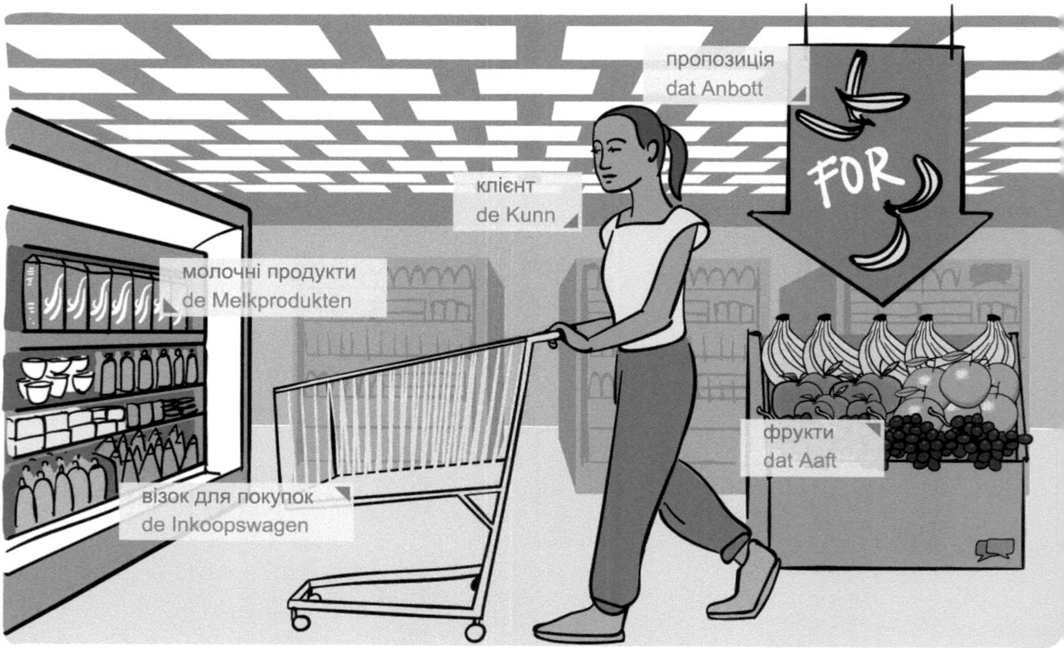

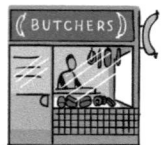

м'ясний магазин

de Slachterie

BAKERY

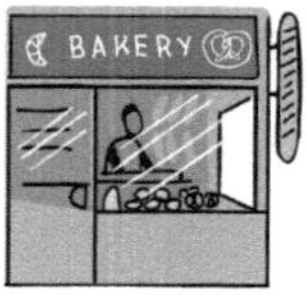

пекарня

de Bäckerie

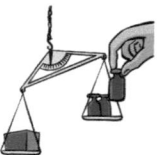

зважувати

wegen

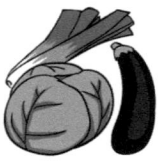

овочі

de Gröönsaken

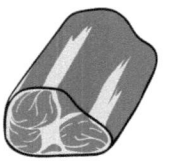

м'ясо

dat Fleesch

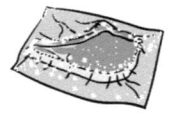

заморожені продукти

de Deepköhlkost

ковбасна нарізка

de Opsnitt

консерви

de Konserven

пральний порошок

de Waschmiddel

солодощі

de Snoopkraam

предмети домашнього побуту

de Huushooltssaken

мийний засіб

de Reinmaaktüüch

продавщиця

de Verköpersche

каса

de Kass

касир

de Kasserer

список покупок

de Inkoopslist

часи роботи

de Opsparrtieden

гаманець

de Breeftasch

кредитна картка

de Kreditkoort

сумка

de Tasch

поліетиленовий пакет

de Plastiktüüt

супермаркет - de Supermarkt

вода

dat Water

сік

de Saft

молоко

de Melk

кола

de Cola

вино

de Wien

пиво

dat Beer

алкоголь

de Spriet

какао

de Kakao

чай

de Tee

кава

de Koffie

еспресо

de Espresso

капучіно

de Cappucino

банан

de Banaan

яблуко

de Appel

апельсин

de Appelsien

кавун

de Meloon

лимон

de Zitroon

морква

de Wöttel

часник

de Knuuvlook

бамбук

de Bambus

цибуля

de Zibbel

гриб

de Poggenstohl

горішки

de Nööt

локшина

de Nudeln

спагеті

de Spaghetti

рис

de Ries

салат

de Salat

картопля фрі

de Pommes frites

смажена картопля

de Braadkantüffeln

піца

de Pizza

гамбургер

de Hamborger

бутерброд

dat Sandwich

шніцель

dat Snitzel

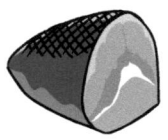

шинка

de Schinken

салямі

de Salami

ковбаса

de Wust

курка

dat Hohn

печеня

de Braden

риба

de Fisch

вівсяні пластіzці

de Haverflocken

мюслі

dat Müsli

кукурудзяні пластівці

de Cornflakes

борошно

dat Mehl

круасан

de Croissant

булочка

dat Rundstück

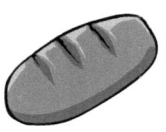

хліб

dat Broot

тостовий хліб

dat Toast

печиво

de Keksen

масло

de Botter

сир

de Quark

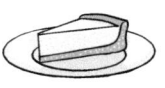

пиріг

de Koken

яйце

dat Ei

яєчня

dat Spegelei

сир

de Kees

морозиво

de Ies

цукор

de Zucker

мед

de Honnig

мармелад

de Marmelaad

нуга-крем

de Nougat-Creme

карі

dat Curry

ферма
de Buernhoff

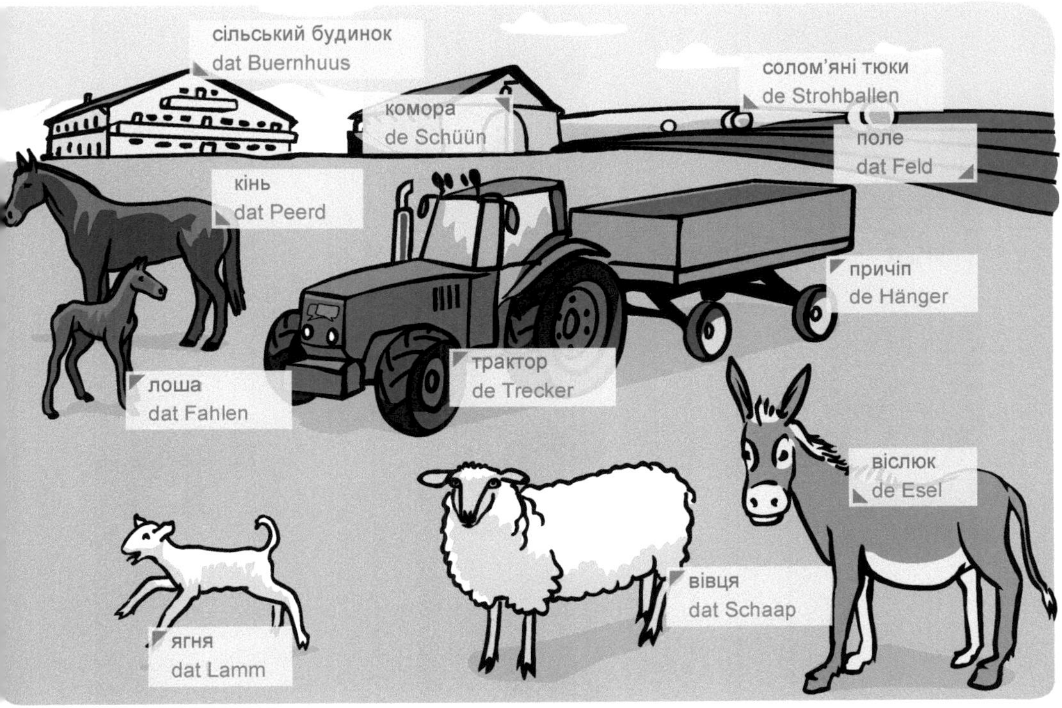
сільський будинок
dat Buernhuus
солом'яні тюки
de Strohballen
комора
de Schüün
поле
dat Feld
кінь
dat Peerd
причіп
de Hänger
трактор
de Trecker
лоша
dat Fahlen
віслюк
de Esel
вівця
dat Schaap
ягня
dat Lamm

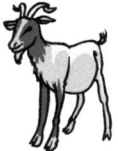

коза

de Zeeg

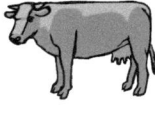

корова

de Koh

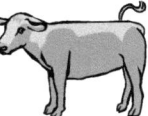

теля

dat Kalf

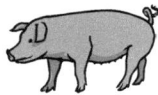

свиня

dat Swien

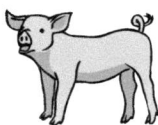

порося

dat Farken

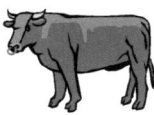

бик

de Bull

гусак

de Goos

качка

de Aant

курча

dat Küken

курка

dat Hohn

півень

de Hahn

щур

de Rott

кіт

de Katt

миша

de Muus

віл

de Oss

собака

de Hund

собача будка

de Hunnenhütt

садовий шланг

de Goornslauch

лійка

de Geetkann

коса

de Lee

плуг

de Ploog

серп

de Sich

мотика

de Hack

вила

de Mestfork

сокира

de Ext

тачка

de Schuufkoor

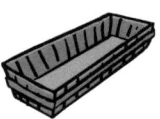

корито

de Trog

бідон молока

de Melkkann

мішок

de Sack

паркан

de Tuun

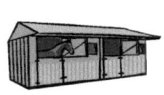

хлів

de Stall

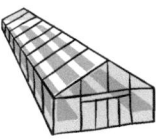

теплиця

dat Drievhuus

ґрунт

de Bodden

насіння

de Saat

добриво

de Dünger

комбайн

de Meihdöscher

ферма - de Buernhoff

29

пожинати

oornen

урожай

de Oorn

корінь ямсу

de Yamswöttel

пшениця

de Weten

соя

dat Soja

картопля

de Kantüffel

кукурудза

de Törksche Weten

ріпак

de Rapp

плодове дерево

de Aaftboom

маніок

de Troopsch Kantüffel

злаки

dat Koorn

дім
dat Huus

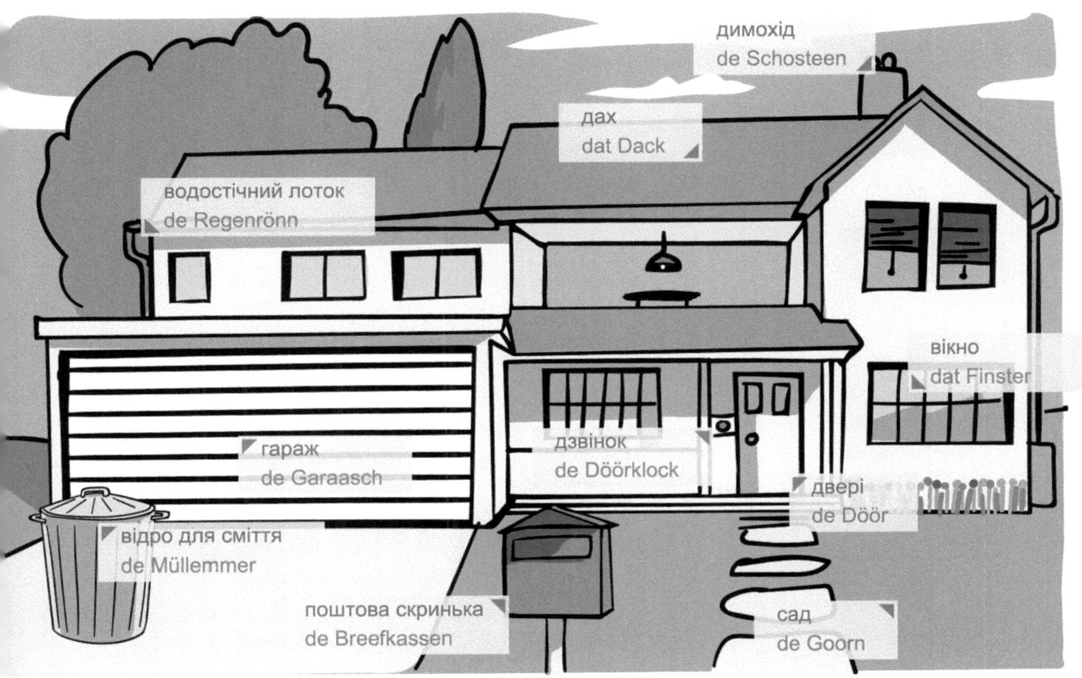

димохід
de Schosteen
дах
dat Dack
водостічний лоток
de Regenrönn
вікно
dat Finster
гараж
de Garaasch
дзвінок
de Döörklock
двері
de Döör
відро для сміття
de Müllemmer
поштова скринька
de Breefkassen
сад
de Goorn

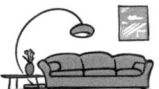

вітальня

de Wahnstuuv

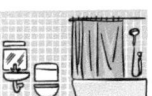

ванна кімната

de Baadstuuv

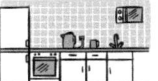

кухня

de Köök

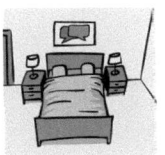

спальня

de Slaapstuuv

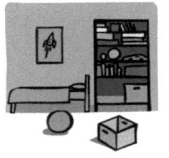

дитяча кімната

de Kinnerstuuv

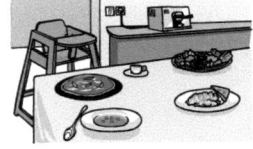

їдальня

de Eetstuuv

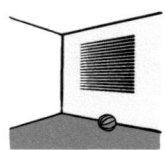

підлога

de Footbodden

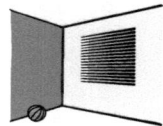

стіна

de Wand

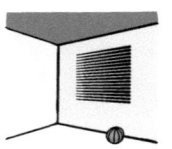

стеля

de Deek

підвал

de Keller

сауна

dat Hittluftbad

балкон

de Balkon

тераса

de Terrass

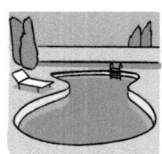

басейн

dat Swümmbad

косарка

de Rasenmeiher

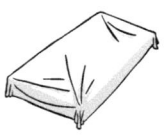

простирало

de Bettbetog

ковдра

de Bettdeek

ліжко

de Puuch

мітла

de Bessen

відро

de Emmer

перемикач

de Schalter

вітальня
de Wahnstuuv

шпалери
de Tapeet
малюнок
dat Bild
лампа
de Lamp
поличка
dat Regal
шафа
dat Schapp
телевізор
de Kiekkassen
камін
de Kamin
квітка
de Bloom
подушка
dat Küssen
диван
dat Sofa
ваза
de Vaas
пульт
de Feernbedenen

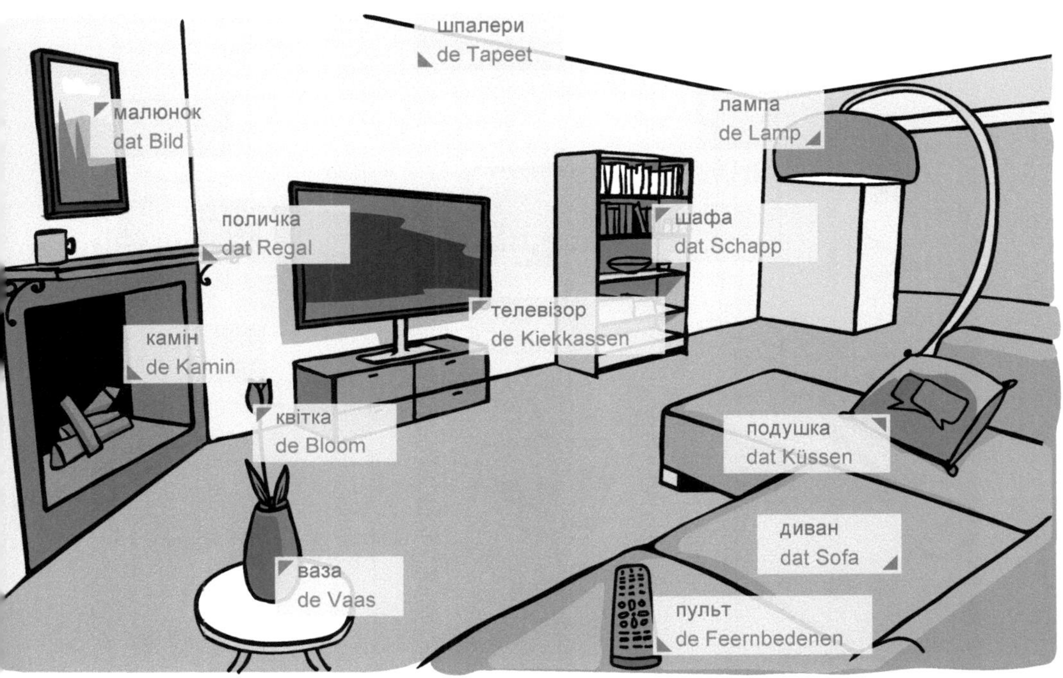

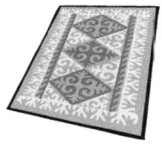

килим
de Teppich

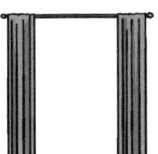

завіса
de Vörhang

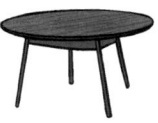

стіл
de Disch

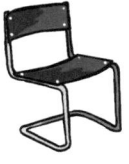

стілець
de Stohl

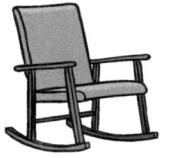

крісло-гойдалка
de Schuckelstohl

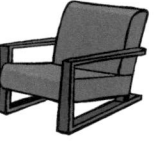

крісло
de Sessel

книга

dat Book

ковдра

de Deek

прикраса

de Dekoratschoon

дрова

dat Füerholt

фільм

de Film

стереосистема

de Stereoanlaag

ключ

de Slötel

газета

dat Narichtenblatt

картина

dat Gemälde

плакат

dat Poster

радіо

dat Radio

блокнот

de Opschrievblock

пилосос

de Huulbessen

кактус

de Kaktus

свічка

de Kars

кухня
de Köök

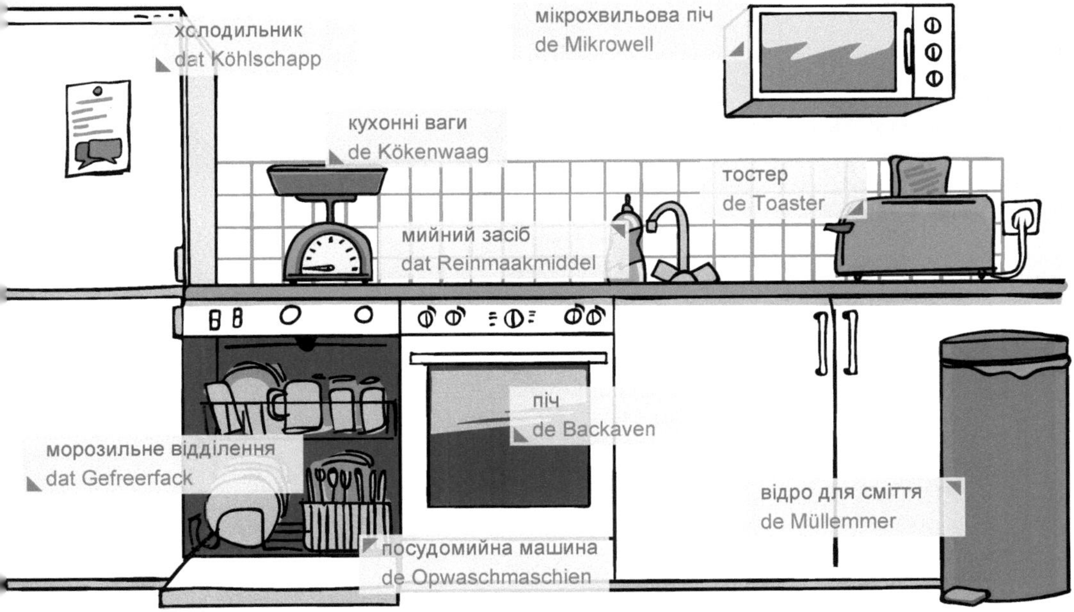
холодильник
dat Köhlschapp
мікрохвильова піч
de Mikrowell
кухонні ваги
de Kökenwaag
тостер
de Toaster
мийний засіб
dat Reinmaakmiddel
піч
de Backaven
морозильне відділення
dat Gefreerfack
відро для сміття
de Müllemmer
посудомийна машина
de Opwaschmaschien

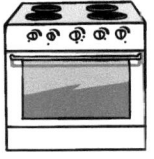

плита

de Heerd

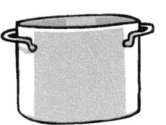

горщик

de Pott

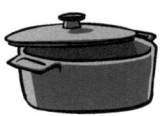

чавунний горщик

de Gussiesern Putt

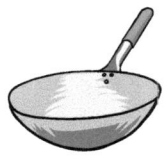

вок / кадай

de Wok / Kadai

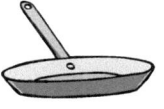

сковорода

de Pann

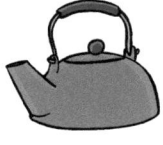

чайник

de Waterkaker

пароварка

de Dampkaakputt

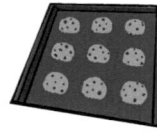

лист

dat Backblick

посуд

dat Geschirr

кухоль

de Beker

чаша

de Schaal

палички для їжі

de Eetsticken

черпак

de Suppenkell

лопатка

de Pannenwenner

вінчик для збивання

de Sneebessen

сито

dat Kaakseef

сито

dat Seef

терка

de Riev

ступка

de Mörser

барбекю

de Grill

багаття

de Füerstell

дошка

dat Sniedbrett

качалка

dat Nudelholt

штопор

de Proppentrecker

конзерва

de Doos

відкривачка

de Dosenaapner

прихватки

de Pottlappen

раковина

dat Waschbecken

щітка

de Böst

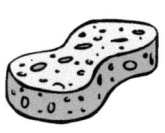

губка

de Swamm

міксер

de Mixer

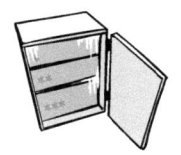

морозильна камера

dat Iesschapp

дитяча пляшка

de Nuckelbuddel

кран

de Waterhahn

кухня - de Köök

37

ванна кімната

de Baadstuuv

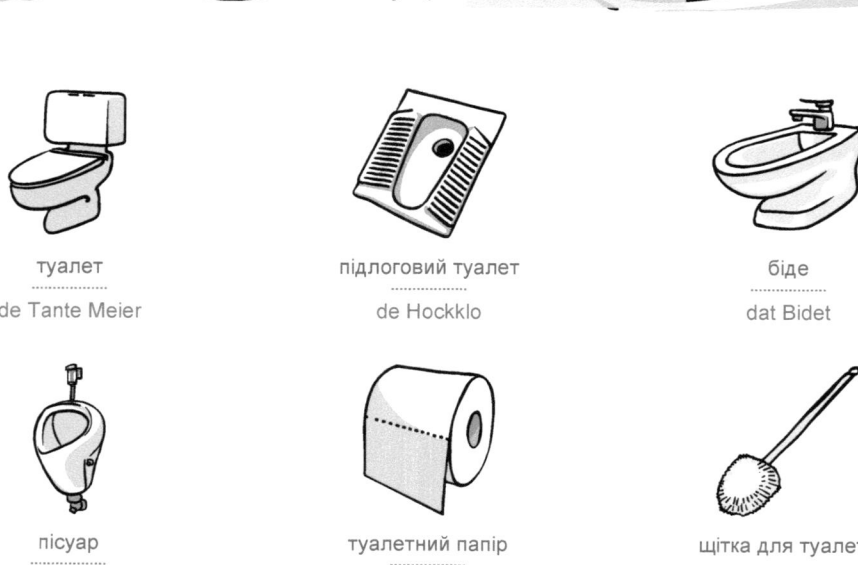

опалення
de Heizung
рушник
dat Handdook
душ
de Bruus
душова завіса
de Bruusvörhang
пiниста ванна
dat Schuumbad
ванна
de Baadwann
склянка
dat Glas
пральна машина
de Waschmaschien
кран
de Waterhahn
плитка
de Fliesen
горшок
de lütte Putt
раковина
dat Waschbecken

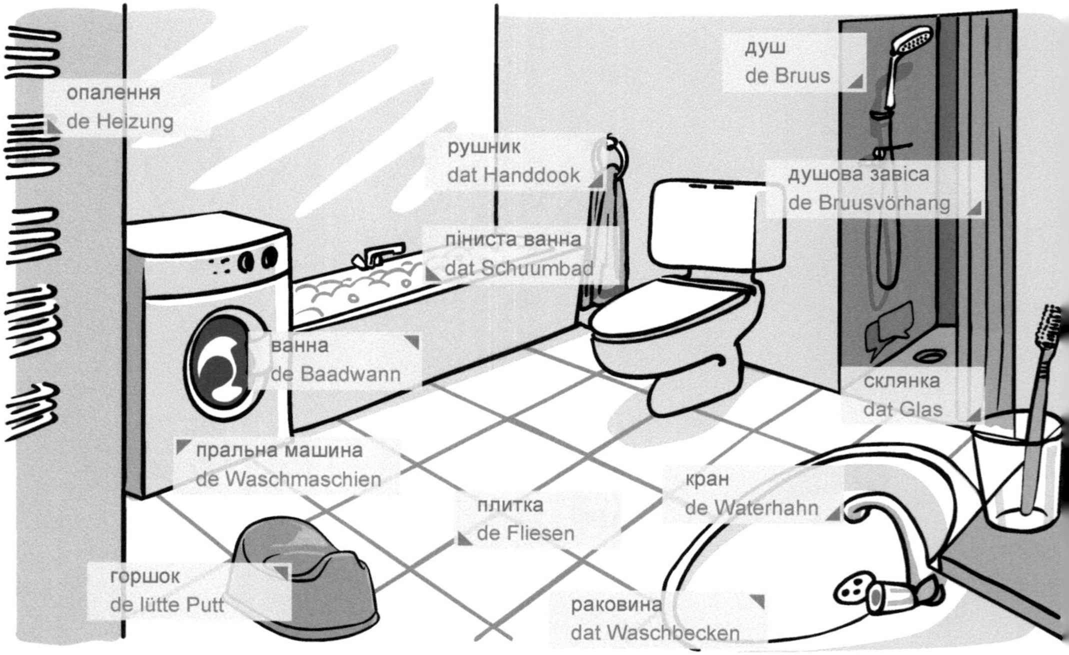

туалет
de Tante Meier

підлоговий туалет
de Hockklo

біде
dat Bidet

пісуар
dat Miegbecken

туалетний папір
dat Klopapeer

щітка для туалету
de Kloböst

зубна щітка

de Tähnböst

зубна паста

de Tähnpast

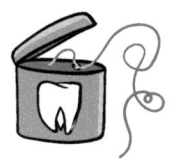

нитка для чищення зубів

de Tähnsied

мити

waschen

ручний душ

de Handbruus

інтимний душ

de Intimbruus

таз

de Waschschöttel

щітка для спини

de Rüchböst

мило

de Seep

гель для душу

dat Bruusgeel

шампунь

dat Hoorwaschmiddel

мочалка

de Waschlappen

водостік

de Afloop

крем

de Creme

дезодорант

dat Deodorant

дзеркало

de Spegel

косметичне дзеркало

de Kosmetikspegel

бритва

de Raserer

піна для гоління

de Raseerschuum

лосьйон після гоління

dat Raseerwater

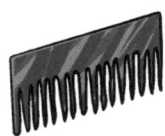

гребінь

de Kamm

щітка

de Böst

фен

de Hoordröger

лак для волосся

dat Hoorspray

косметика

de Smink

губна помада

de Lippensticken

лак для нігтів

de Nagellack

вата

de Watt

ножиці для нігтів

de Nagelscheer

парфум

dat Rüükwater

косметичка

de Kulturbüdel

табурет

de Schemel

ваги

de Waag

халат

de Baadmantel

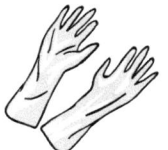

гумові рукавички

de Gummihanschen

тампон

de Tampon

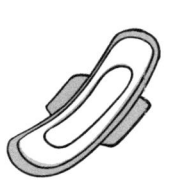

гігієнічні прокладки

de Damenbinn

біотуалет

dat Chemieklo

дитяча кімната
de Kinnerstuuv

будильник
de Wecker
м'яка іграшка
dat Knudeldeert
іграшковий автомобіль
dat Speeltüüchauto
брязкальце
de Klöter
ляльковий будиночок
dat Poppenhuus
подарунок
dat Geschenk

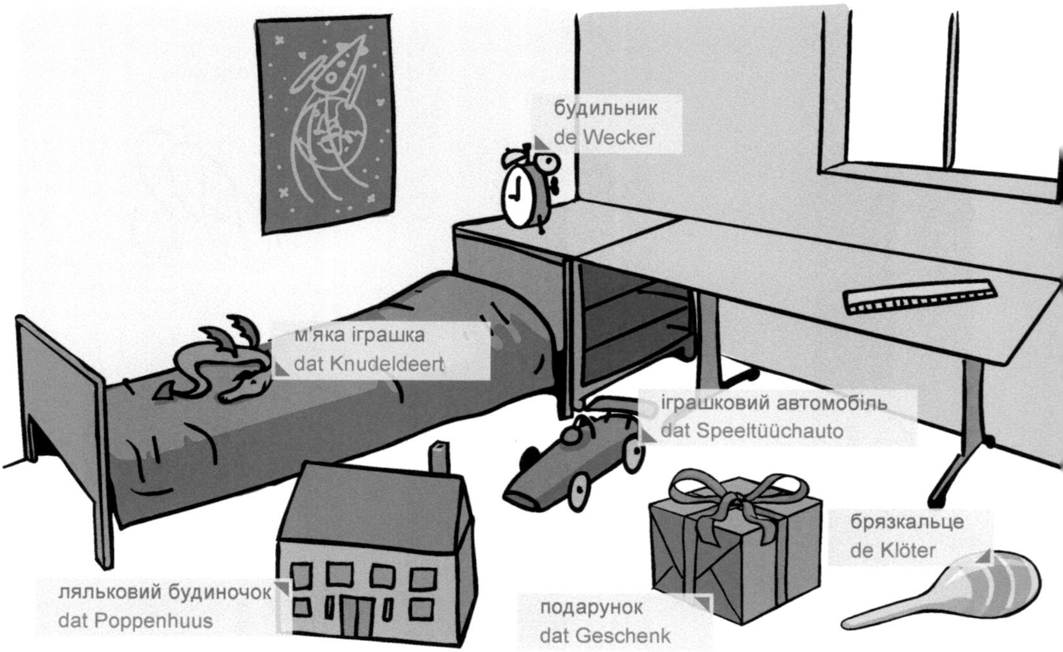

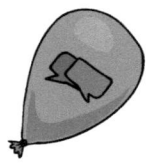

повітряна кулька

de Luftballon

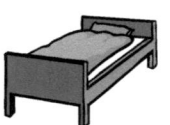

ліжко

de Puuch

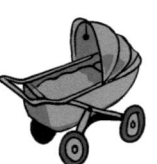

дитячий візок

de Kinnerwagen

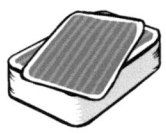

картярська гра

dat Koortenspeel

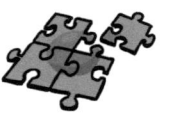

пазл

dat Puzzle

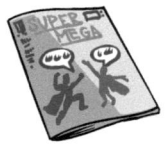

комікс

de Billergeschicht

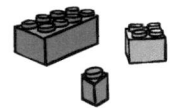

лего цеглинки

de Legostenen

блоки

de Bustenen

іграшкова фігурка

de Action-Figur

повзунки

de Strampelantog

фризбі

de Frisbeeschiev

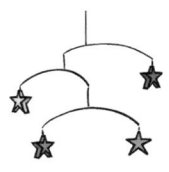

мобіле

dat Mobile

настільна гра

dat Brettspeel

кубик

de Wörpel

модель залізнична станція

de Modelliesenbahn

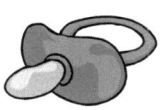

соска

de Snuller

вечірка

de Party

книжка з картинками

dat Billerbook

м'яч

de Ball

лялька

de Popp

грати

spelen

дитяча кімната - de Kinnerstuuv

пісочниця

de Sandkassen

гойдалка

de Schuckel

іграшка

dat Speeltüüch

гральна консоль

de Speelkonsool

триколісний велосипед

dat Dreerad

плюшевий мішка

de Teddyboor

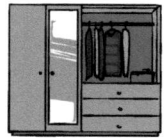

шафа

dat Klederschapp

одяг

dat Tüüch

шкарпетки

de Socken

панчохи

de Strümp

колготки

de Strumpbüx

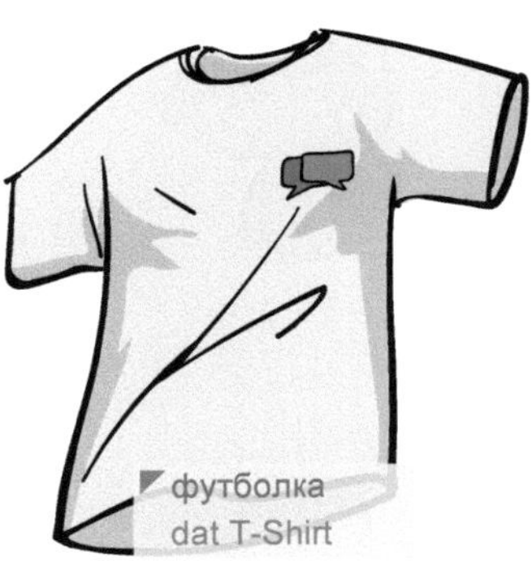

шарф
dat Halsdook

ремінь
de Liefreem

парасоля
de Paraplü

футболка
dat T-Shirt

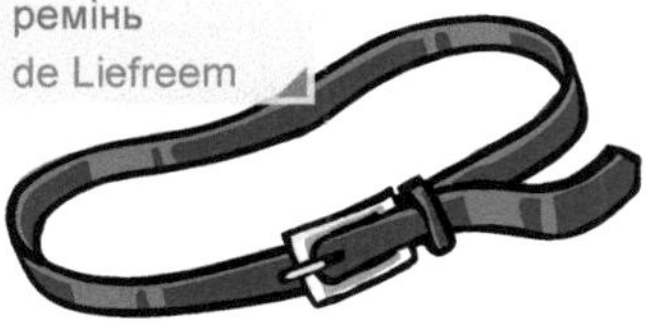

кросівки
de Turnschoh

чоботи
de Stevel

домашнє взуття
de Puuschen

сандалі
de Sandalen

взуття
de Schoh

гумові чоботи
de Gummistevel

труси
de Ünnerbüx

бюстгальтер
de Bostholler

нижня сорочка
dat Ünnerhemd

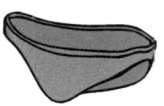

боді

de Lief

штани

de Büx

джинси

de Jeansnüx

спідниця

de Rock

блузка

de Bluus

сорочка

dat Hemd

пуловер

de Pullover

светр

de Kapuzenpullover

піджак

de Blazer

куртка

de Jack

пальто

de Mantel

дощовик

de Övertrecker

костюм

dat Kostüm

сукня

dat Kleed

весільна сукня

dat Hochtietskleed

костюм

de Antog

нічна сорочка

dat Nachtkleed

піжама

de Slaapantog

сарі

de Sari

головна хустка

dat Koppdook

чалма

de Turban

бурка

de Burka

кафтан

de Kaftan

абая

de Abaya

купальник

de Baadantog

плавки

de Baadbüx

шорти

de Korte Büx

тренувальний костюм

de Antog to'n Öven

фартух

de Schört

рукавички

de Handschoh

гудзик

de Knopp

окуляри

de Brill

браслет

dat Armband

ланцюг

de Halskeed

кільце

de Ring

сережка

de Ohrbummel

шапка

de Mütz

плічка

de Klederbögel

капелюх

de Hoot

краватка

de Binner

застібка-блискавка

de Rietslüter

шолом

de Helm

підтяжки

dat Drachtband

шкільна форма

de Schooluniform

уніформа

de Uniform

нагрудник

de Severböten

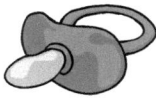

соска

de Snuller

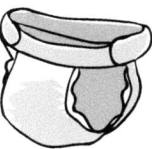

підгузок

de Winnel

офіс

dat Büro

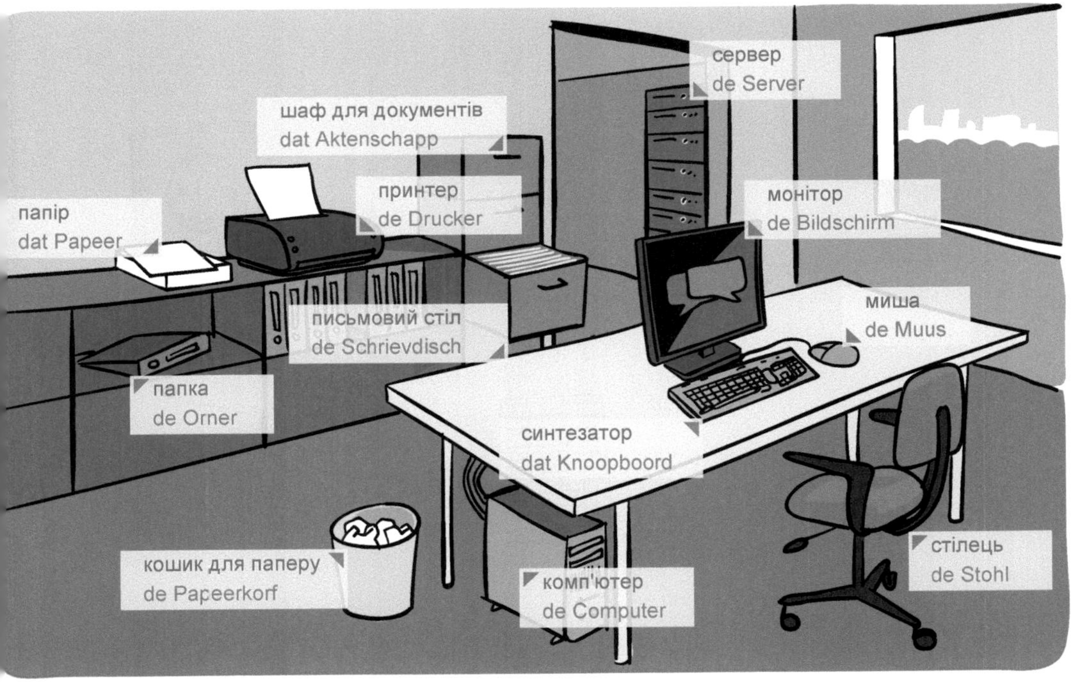

сервер
de Server

шаф для документів
dat Aktenschapp

принтер
de Drucker

монітор
de Bildschirm

папір
dat Papeer

письмовий стіл
de Schrievdisch

миша
de Muus

папка
de Orner

синтезатор
dat Knoopboord

кошик для паперу
de Papeerkorf

комп'ютер
de Computer

стілець
de Stohl

кавовий кухоль

de Koffiebeker

калькулятор

de Taschenreekner

інтернет

dat Internet

ноутбук

de Klappreekner

лист

de Breef

повідомлення

de Naricht

мобільний телефон

de Ackersnacker

мережа

dat Nettwark

копіювальний пристрій

de Kopeerapparat

програмне забезпечення

de Software

телефон

de Klöönkassen

розетка

de Steekdoos

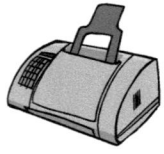

факс

de Faxapparat

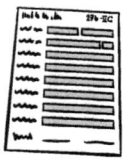

бланк

dat Formulor

документ

dat Dokument

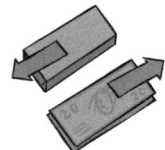

купувати

köpen

платити

betahlen

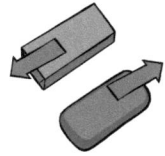

торгувати

hanneln

гроші

dat Geld

 **USD**

долар

de Dollar

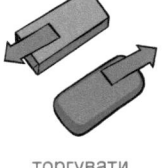 **EUR**

євро

de Euro

JPY

ієна

de Yen

RUB

рубль

de Ruvel

CHF

франк

de Swiezer Franken

CNY

юанів женьміньбі

de Renminbi Yuan

INR

рупія

de Rupie

банкомат

de Geldautomat

обмінний пункт

de Wesselstuuv

золото

dat Gold

срібло

dat Sülver

нафта

dat Ööl

енергія

de Energie

ціна

de Pries

контракт

de Verdrag

податок

de Stüer

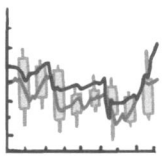

акція

de Andeelschien

працювати

arbeiden

працівник

de Anstellte

роботодавець

de Arbeitgever

фабрика

de Fabrik

магазин

de Hökerie

професії

de Profeschonen

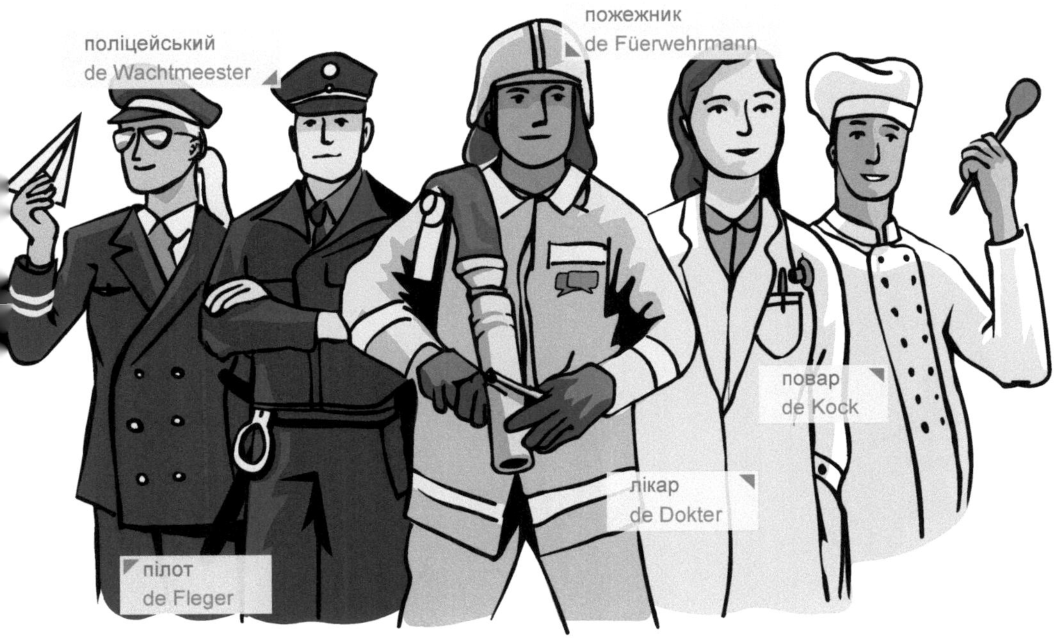

поліцейський
de Wachtmeester
пожежник
de Füerwehrmann
повар
de Kock
лікар
de Dokter
пілот
de Fleger

садівник

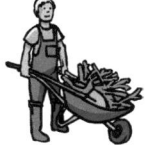

de Goorner

столяр

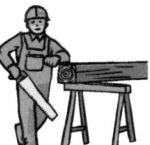

de Discher

швачка

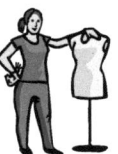

de Neihersche

суддя

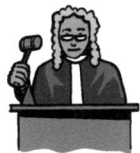

de Richter

хімік

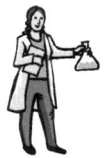

de Chemiker

актор

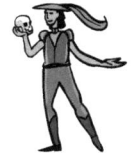

de Schauspeler

водій автобуса

de Busfohrer

таксист

de Taxifohrer

рибалка

de Fischer

прибиральниця

de Reinmaakfru

покрівельник

de Dackdecker

офіціант

de Kellner

мисливець

de Jäger

художник

de Maler

пекар

de Bäcker

електрик

de Elektriker

будівельник

de Buarbeider

інженер

de Ingenieur

забійник

de Slachter

бляхар

de Klempner

листоноша

de Postbüdel

професії - de Profeschonen

солдат

de Suldat

архітектор

de Architekt

касир

de Kasserer

флорист

de Florist

перукар

de Putzbüdel

кондуктор

de Schaffner

механік

de Mechaniker

капітан

de Kaptein

дантист

de Tähndokter

вчений

de Wetenschopler

рабин

de Rabbi

імам

de Imam

монах

de Mönk

пастор

de Paap

професії - de Profeschonen

інструменти
dat Warktüüch

щипці
de Tang
молоток
de Hamer
викрутка
de Schruvendreiher
кишеньковий ліх
de Taschenlamp
гайковий ключ
de Schruvenslötel

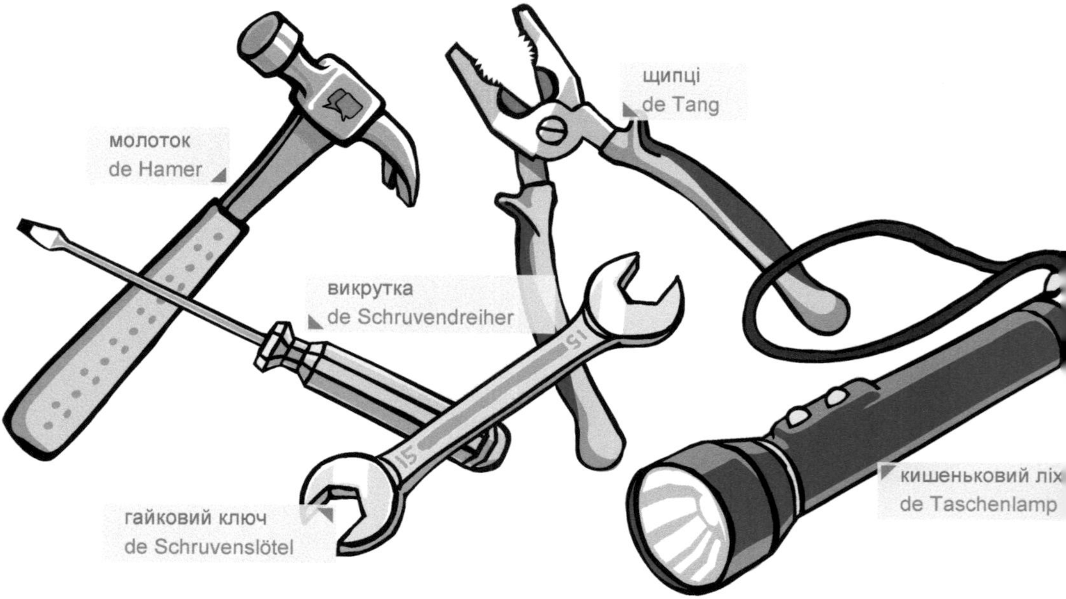

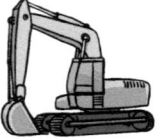

екскаватор

de Grieper

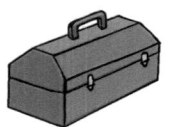

ящик для інструментів

de Warktüüchkassen

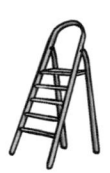

драбина

de Ledder

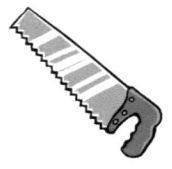

пилка

de Saag

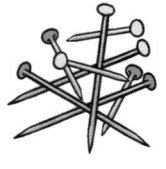

цвяхи

de Nagels

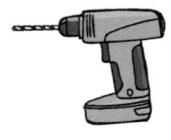

свердло

de Bohrer

ремонтувати

heelmaken

лопата

de Schüffel

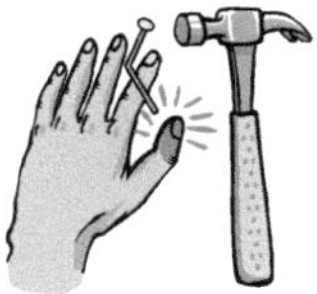

лайно!

Schiet!

совок

dat Kehrblick

відро з фарбою

de Farvpott

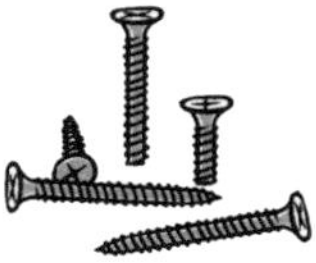

гвинти

de Schruven

музичні інструменти
de Musikinstrumenten

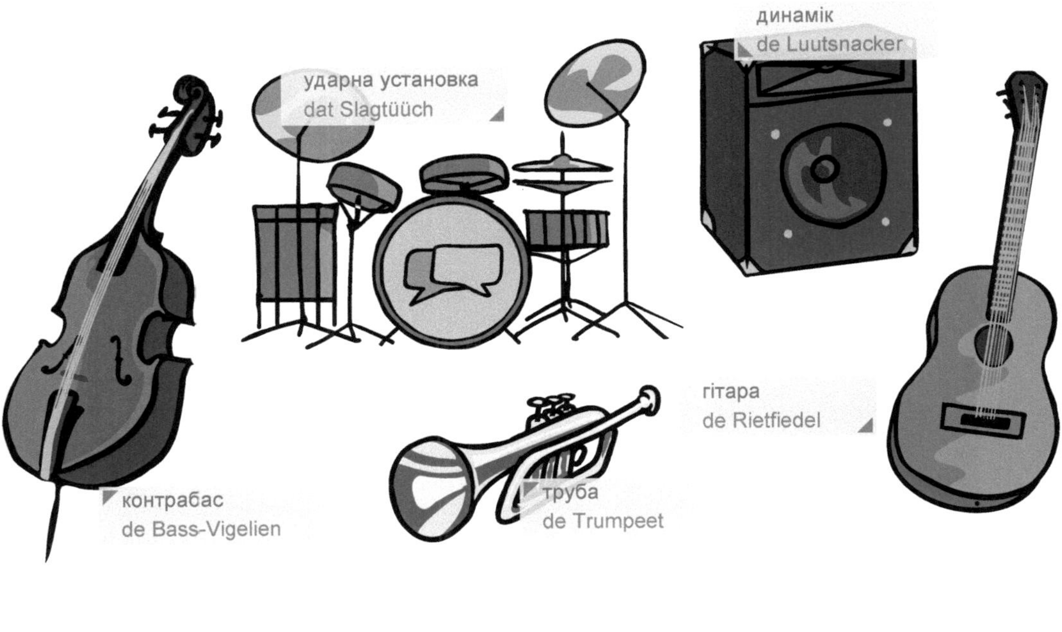

динамік
de Luutsnacker

ударна установка
dat Slagtüüch

гітара
de Rietfiedel

контрабас
de Bass-Vigelien

труба
de Trumpeet

фортепіано

dat Klaveer

скрипка

de Vigelien

бас

de Bass

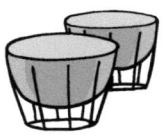

литаври

de Pauk

барабан

de Trummeln

клавіатура

dat Keyboard

саксофон

dat Saxophon

флейта

de Fleut

мікрофон

dat Mikrofoon

зоопарк

de Deertenpark

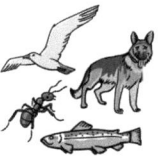

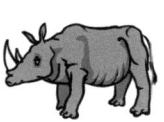

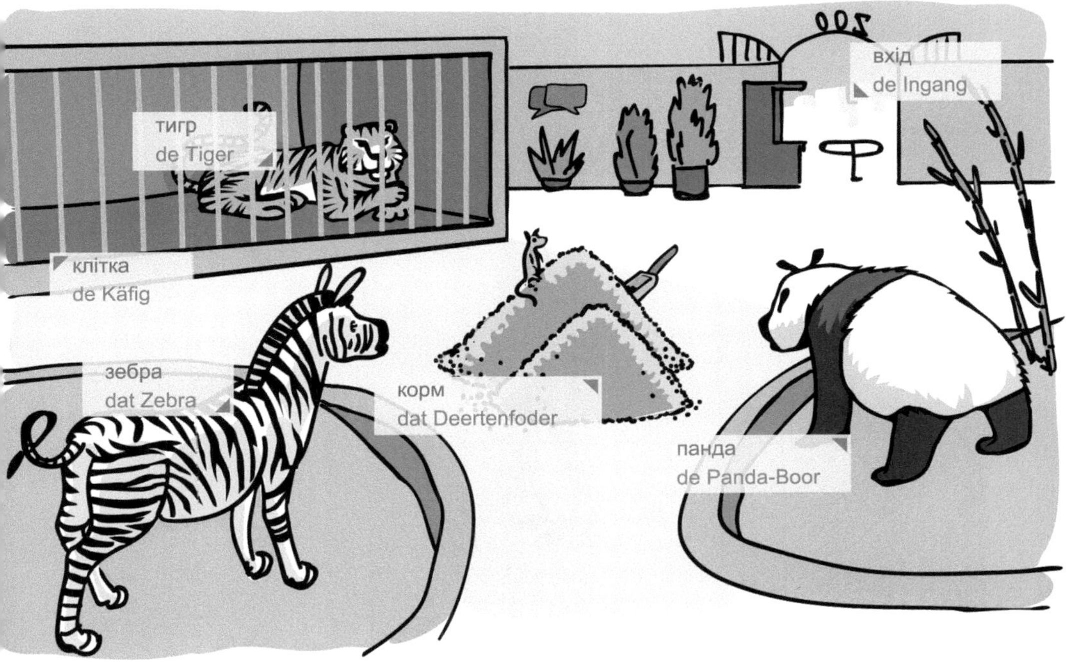
вхід
de Ingang
тигр
de Tiger
клітка
de Käfig
зебра
dat Zebra
корм
dat Deertenfoder
панда
de Panda-Boor

тварини

de Deerten

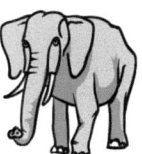

слон

de Elefant

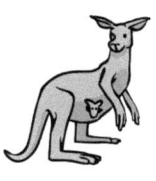

кенгуру

dat Känguru

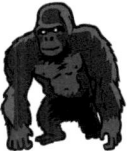

носоріг

dat Neeshoorn

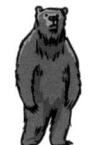

горила

de Gorilla

ведмідь

de Boor

верблюд

dat Kameel

страус

de Struuß

лев

de Lööv

мавпа

de Aap

фламінго

de Flamingo

папуга

de Papagoi

білий ведмідь

de Iesboor

пінгвін

de Pinguin

акула

de Haifisch

павич

de Pageluun

змія

de Slang

крокодил

dat Krokodil

працівник зоопарку

de Oppasser in'n
Deertenpark

тюлень

de Saalhund

ягуар

de Jaguor

зоопарк - de Deertenpark

поні

dat Pony

леопард

de Leopard

гіпопотам

dat Nilpeerd

жираф

de Giraff

орел

de Aadler

кабан

dat Wildswien

риба

de Fisch

черепаха

de Schildkrööt

морж

dat Walross

лисиця

de Voss

газель

de Gazell

спорт
de Sport

американський футбол
de Amerikaansch Football

їзда на велосипеді
dat Radfohren

теніс
dat Tennis

баскетбол
de Korfball

плавання
dat Swümmen

бокс
dat Boxen

хокей
dat Ieshockey

футбол
de Football

бадмінтон
dat Fedderball

легка атлетика
de Leichtathletik

гандбол
de Handball

лижні перегони
dat Skilopen

поло
dat Polo

стрибати
springen

обіймати
ümarmen

сміятися
lachen

йти
gahn

співати
singen

мріяти
drömen

молитися
beden

цілувати
snuteln

писати
schrieven

малювати
teken

показувати
wiesen

тиснути
drücken

давати
geven

брати
nehmen

мати

hebben

робити

doon

бути

sien

стояти

stahn

бігати

lopen

тягнути

trecken

кидати

smieten

падати

fallen

лежати

liggen

очікувати

töven

носити

dregen

сидіти

sitten

одягати

antrecken

спати

slapen

просипатися

opwaken

дивитися

ankieken

плакати

wenen

гладити

eien

розчісувати

kämmen

розмовляти

snacken

розуміти

verstahn

питати

fragen

слухати

hören

пити

drinken

їсти

eten

прибирати

oprümen

любити

leefhebben

варити

kaken

їхати

fohren

літати

flegen

йти під вітрилом

segeln

рахувати

reken

читати

lesen

вчитися

lehren

працювати

arbeiden

одружуватися

de Plünnen tohoopsmieten

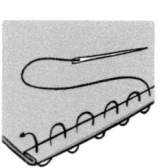

шити

neihen

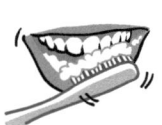

чистити зуби

Tähnen putzen

убивати

dootmaken

курити

smöken

посилати

schicken

бабуся
de Grootmoder

дідуся
de Grootvadder

батько
de Vadder

мати
de Moder

немовля
dat Winnelkind

донька
de Dochter

син
de Söhn

гість

de Gast

тітка

de Tant

дядько

de Unkel

брат

de Broder

сестра

de Süster

тіло

de Lief

чоло
de Vörkopp
око
dat Oog
плече
de Schuller
палець
de Finger
обличчя
dat Gesicht
підборіддя
dat Kinn
кисть
de Hand
нога
dat Been
груди
de Bost
рука
de Arm

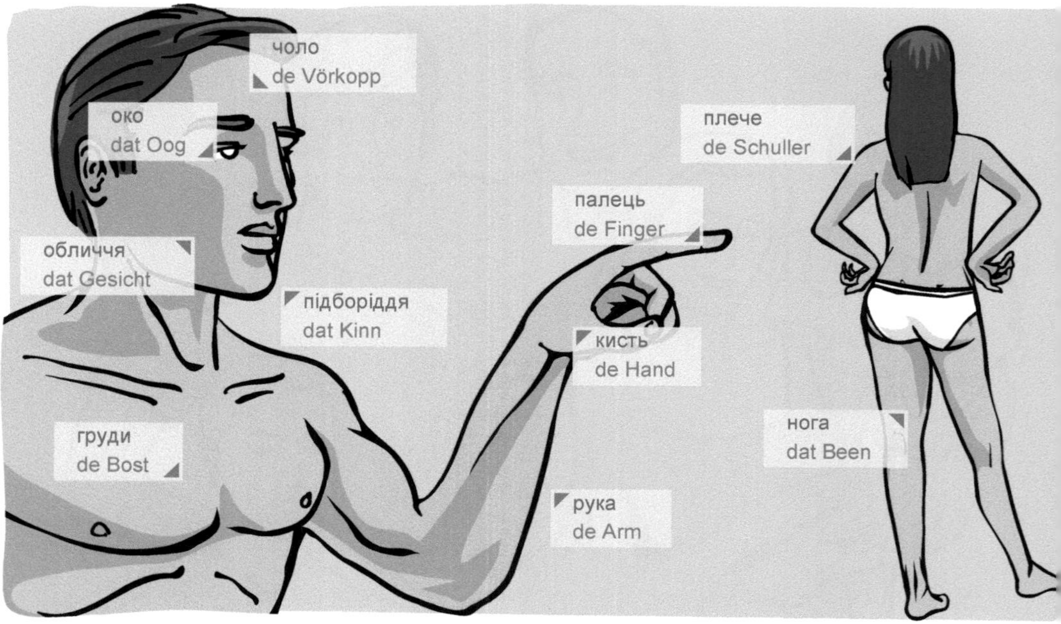

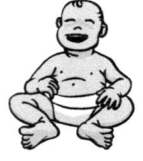

немовля

dat Winnelkind

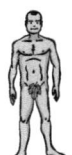

чоловік

de Mann

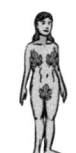

жінка

de Fro

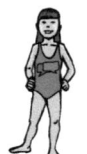

дівчина

de Deern

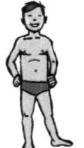

хлопчик

de Jung

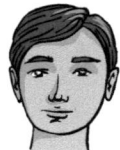

голова

de Arm

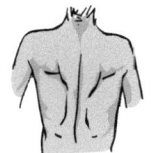

спина

de Rüch

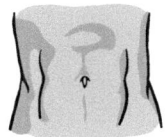

живіт

de Buuk

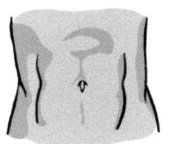

пуп

de Navel

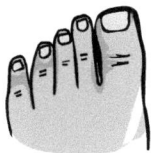

палець ноги

de Teh

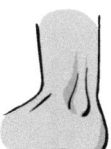

п'ята

de Hack

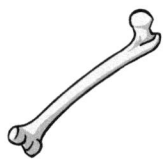

кістка

de Knaken

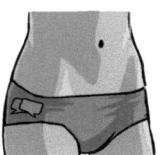

стегно

de Hüft

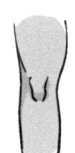

коліно

dat Knee

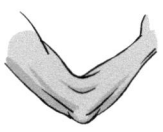

лікоть

de Ellbagen

ніс

de Nees

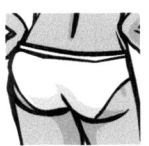

сідниці

de Achtersen

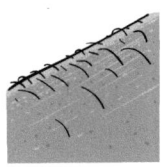

шкіра

de Huut

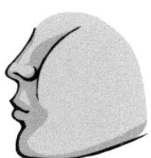

щока

de Back

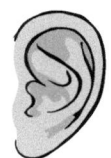

вухо

dat Ohr

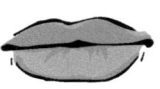

губа

de Lipp

рот

de Mund

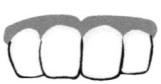

зуб

de Tähn

язик

de Tung

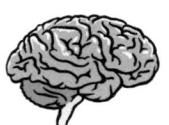

мозок

de Bregen

серце

dat Hart

м'яз

de Muskel

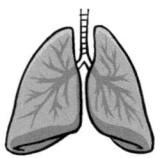

легені

de Lung

печінка

de Lever

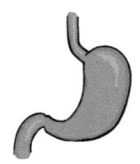

шлунок

de Maag

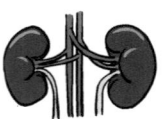

нирки

de Neren

статевий акт

de Bislaap

презерватив

dat Kondoom

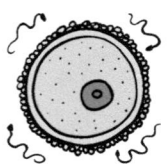

яйцеклітина

de Eizell

сперма

dat Sperma

вагітність

de Anner Ümstänn

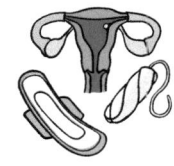

менструація

de Menstruatschoon

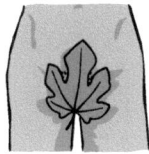

вагіна

de Scheed

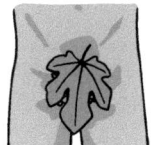

пеніс

de Pint

брова

de Ogenbrce

волосся

dat Hoor

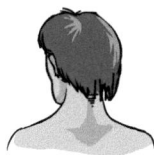

шия

de Hals

лікарня
dat Krankenhuus

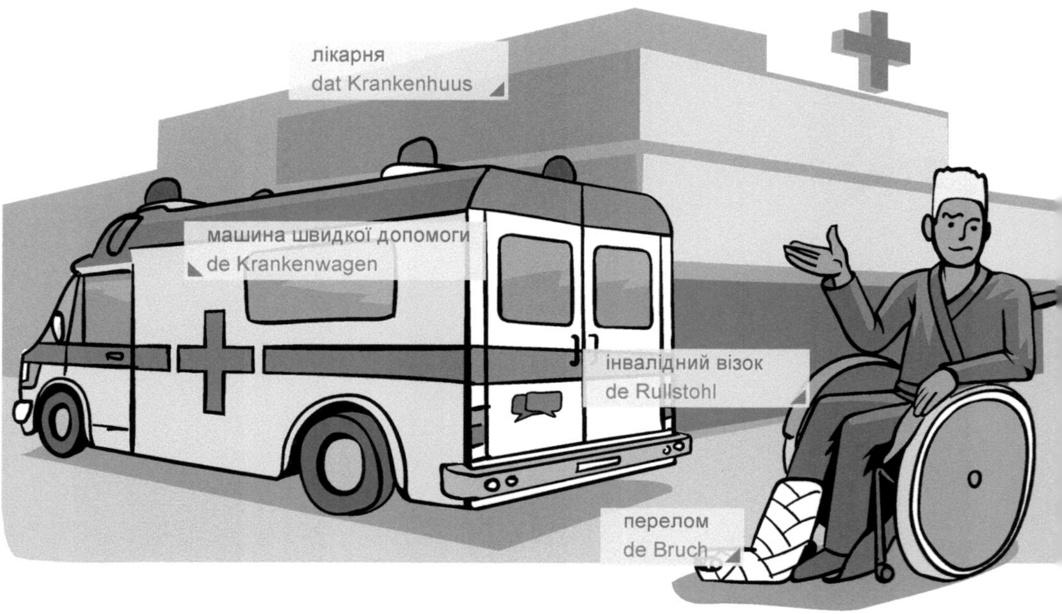

лікарня
dat Krankenhuus
машина швидкої допомоги
de Krankenwagen
інвалідний візок
de Rullstohl
перелом
de Bruch

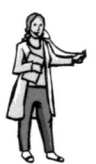

лікар

de Dokter

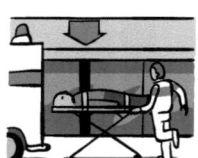

відділення швидкої медичної допомоги

de Nootopnahm

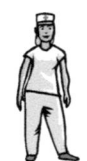

медсестра

de Krankensüster

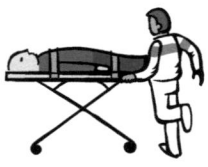

аварійний випадок

de Nootfall

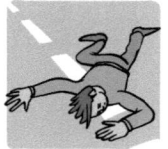

непритомний

ahnmächtig

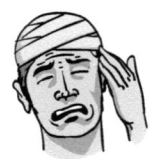

біль

de Wehdaag

травма

de Verwunnen

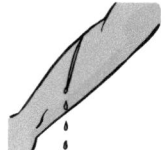

кровотеча

de Blöden

інфаркт

de Hartinfarkt

інсульт

de Slaganfall

алергія

de Allergie

кашель

de Hoosten

лихоманка

dat Fever

грип

de Gripp

пронос

de Dörchfall

головна біль

de Koppwehdaag

рак

de Kreeft

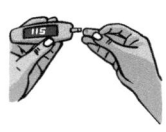

діабет

de Zuckersüük

хірург

de Chirurg

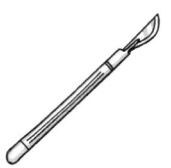

скальпель

dat Chirurgsch Mess

операція

de Operatschoon

лікарня - dat Krankenhuus

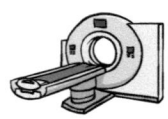

КТ

dat CT

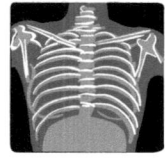

рентген

de Dörchlüchten

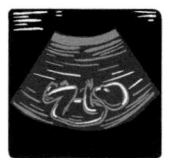

ультразвук

de Ultraschall

маска

de Mask

хвороба

de Krankheit

зал очікування

de Töövruum

милиця

de Krück

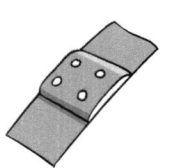

пластир

dat Plaaster

пов'язка

de Verband

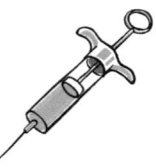

ін'єкція

de Insprütten

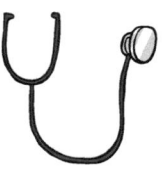

стетоскоп

dat Stethoskop

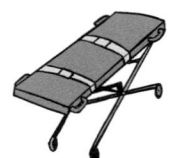

ноші

de Draag

термометр

dat Feverthermometer

народження

de Geboort

надмірна вага

dat Övergewicht

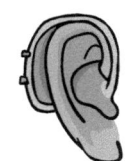

слуховий апарат

de Höörapparat

дезінфікуючий засіб

dat Kiemfriemiddel

інфекція

de Ansteken

вірус

de Virus

ВІЛ / СНІД

dat HIV / AIDS

медицина

dat Heelmiddel

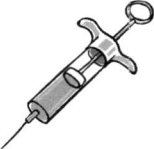

вакцинація

de Impen

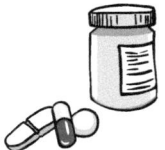

таблетки

de Tabletten

протизаплідна пігулка

de Pill

екстрений виклик

de Nootroop

тонометр

de Blootdruck-Meter

хворий / здоровий

krank / gesund

Допоможіть!
Hölp!

сигнал тривоги
de Alarm

напад
de Överfall

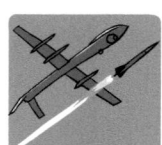

атака
de Angreep

небезпека
de Gefohr

аварійний вихід
de Nootutgang

Вогонь!
dat Füer!

вогнегасник
de Füerlöscher

аварія
de Unfall

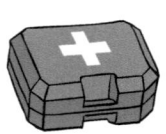

аптечка
de Noothölpkoffer

СОС
SOS

поліція
de Polizei

Європа

Europa

Північна Америка

Noordamerika

Південна Америка

Süüdamerika

Африка

Afrika

Азія

Asien

Австралія

Australien

Атлантика

de Atlantik

Тихий океан

de Pazifik

Індійський океан

dat Indisch Weltmeer

Антарктичний океан

dat Antarktisch Weltmeer

Північний Льодовитий океан

dat Arktisch Weltmeer

Північний полюс

de Noordpol

Південний полюс

de Südpol

Антарктика

de Antarktis

Земля

de Eerd

суша

dat Land

море

de See

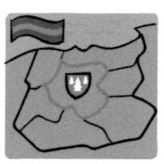

острів

dat Eiland

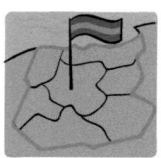

нація

de Natschoon

держава

de Staat

циферблат

dat Tallenblatt

годинникова стрілка

de Stunnenwieser

хвилинна стрілка

de Minutenwieser

секундна стрілка

de Sekunnenwieser

Котра година?

Wo laat is dat?

день

de Dag

час

de Tiet

зараз

nu

цифровий годинник

de digetaalsch Klock

хвилина

de Minuut

година

de Stunn

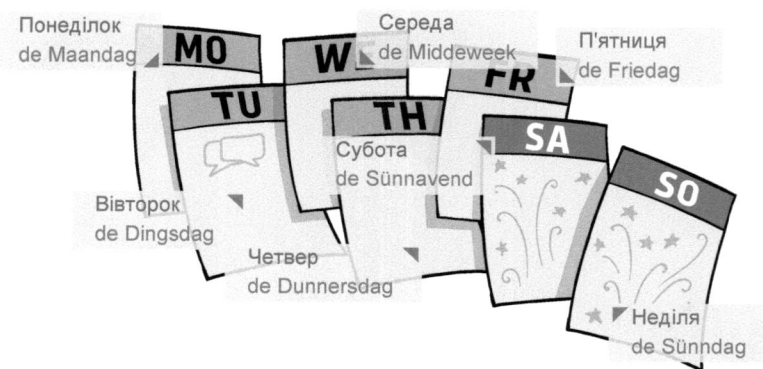

Понеділок
de Maandag

Середа
de Middeweek

П'ятниця
de Friedag

Субота
de Sünnavend

Вівторок
de Dingsdag

Четвер
de Dunnersdag

Неділя
de Sünndag

вчора

güstern

сьогодні

hüüt

завтра

morgen

ранок

de Morgen

опівдні

de Meddag

вечір

de Avend

робочі дні

de Arbeitsdaag

кінець робочого тижня

dat Wekenenn

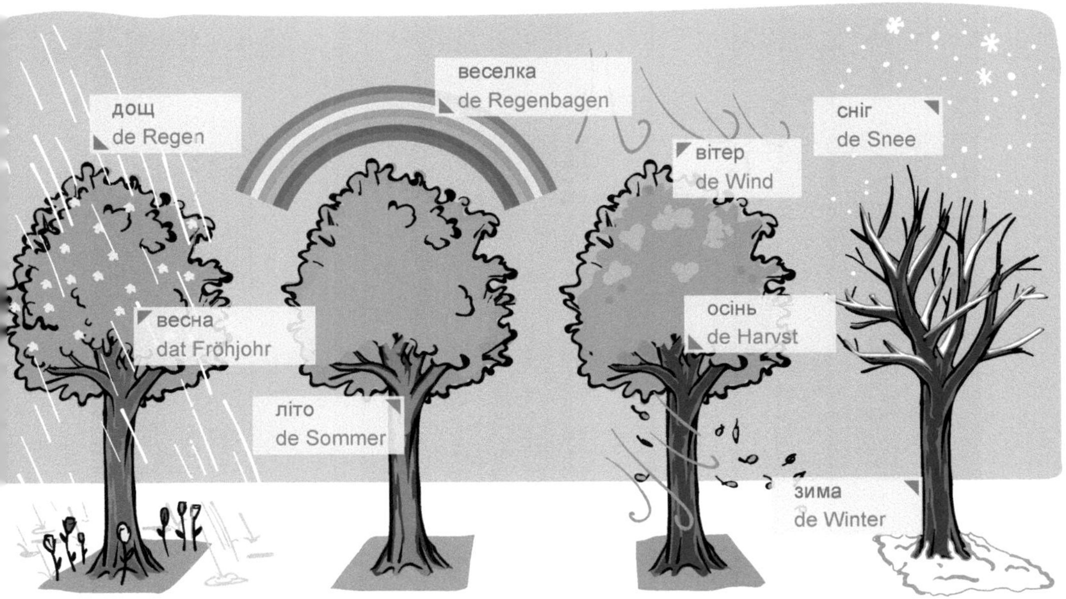

дощ
de Regen
веселка
de Regenbagen
вітер
de Wind
сніг
de Snee
весна
dat Fröhjohr
літо
de Sommer
осінь
de Harvst
зима
de Winter

4.APRIL 11°
5.APRIL 4°
6.APRIL 13°
7.APRIL 8°
8.APRIL 10°

прогноз погоди
....
de Wedervörhersaag

F C
120 90 60 30 0 -30
40 30 20 10 0 -10 -20

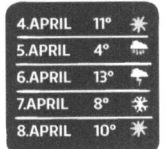

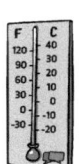

термометр
....
dat Thermometer

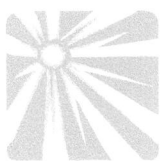

сонячне світло
....
de Sünnenschien

хмара
....
de Wulk

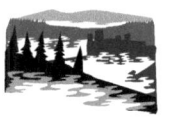

туман
....
de Nevel

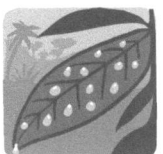

вологість повітря
....
de Luftfuchtigkeit

блискавка

de Blitz

грім

de Dunner

шторм

de Storm

град

de Hagel

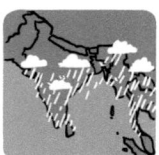

мусон

de Monsun

повінь

de Floot

лід

dat Ies

Січень

de Januormaand

Лютий

de Februormaand

Березень

de Martmaand

Квітень

de Aprilmaand

Травень

de Maimaand

Червень

de Junimaand

Липень

de Julimaand

Серпень

de Augustmaand

рік - dat Johr

Вересень

de Septembermaand

Жовтень

de Oktobermaand

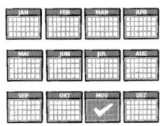

Листопад

de Novembermaand

Грудень

de Dezembermaand

форми
de Formen

круг

de Krink

квадрат

dat Quadrat

прямокутник

dat Rechteck

трикутник

dat Dreeeck

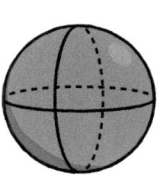

куля

de Kugel

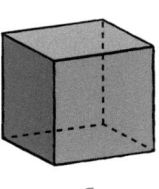

куб

de Wörpel

білий

witt

жовтий

geel

помаранчевий

orangsch

рожевий

pink

червоний

root

фіолетовий

lila

синій

blau

зелений

gröön

коричневий

bruun

сірий

gries

чорний

swart

багато / мало

veel / wenig

лютий / мирний

böös / verdreeglich

гарний / бридкий

smuck / mies

початок / кінець

de Begünn / dat Enn

великий / малий

groot / lütt

світлий / темний

hell / düüster

брат / сестра

de Broder / de Süster

чистий / брудний

schier / schietig

завершений / незавершений

kumpleet / nich kumpleet

день / ніч

de Dag / de Nacht

мертвий / живий

doot / lebennig

широкий / вузький

breet / small

їстівний / неїстівний

geneetbor / nich geneetbor

злий / дружній

böös / fründlich

збуджений / нудьгуючий

fickerig / langwielt

товстий / тонкий

dick / dünn

спочатку / востаннє

toeerst / toletzt

друг / ворог

de Fründ / de Fiend

повний / порожній

vull / leddig

жорсткий / м'який

hart / week

важкий / легкий

swoor / licht

голод / спрага

de Smacht / de Döst

хворий / здоровий

krank / gesund

незаконний / законний

nich na't Recht / na't Recht

розумний / дурний

klook / dummerhaftig

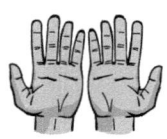

вліво / вправо

linkerhand / rechterhand

поруч / далеко

neeg / feern

новий / використаний

nieg / bruukt

нічого / щось

nix / wat

старий / молодий

oolt / jung

вкл / викл

an / ut

відкрито / закрито

apen / slaten

тихо / гучно

lies / luut

багатий / бідний

riek / arm

правильно / неправильно

richtig / verkehrt

шорсткий / гладкий

ruug / glatt

сумний / щасливий

trurig / glücklich

короткий / довгий

kort / lang

повільно / швидко

suutje / flink

вологий / сухий

natt / dröög

гарячий / холодний

warm / köhl

війна / мир

de Krieg / de Freden

числа

de Tallen

0
нуль
null

1
один
een

2
два
twee

3
три
dree

4
чотири
veer

5
п'ять
fief

6
шість
söss

7
сім
söven

8
вісім
acht

9
дев'ять
negen

10
десять
teihn

11
одинадцять
ölven

12

дванадцять
twölf

13

тринадцять
dörteihn

14

чотирнадцять
veerteihn

15

п'ятнадцять
föffteihn

16

шістнадцять
sössteihn

17

сімнадцять
söventeihn

18

вісімнадцять
achtteihn

19

дев'ятнадцять
negenteihn

20

двадцять
twintig

100

сто
hunnert

1.000

тисяча
dusend

1.000.000

мільйон
million

англійська

dat Engelsch

американська англійська

dat Amerikaansch Engelsch

китайська
високочиновницька

dat Chineesch Mandarin

хінді

dat Hindi

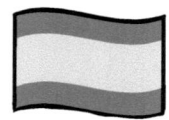

іспанська

dat Spaansch

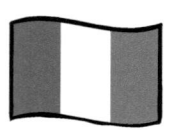

французька

dat Franzöösch

арабська

dat Araabsch

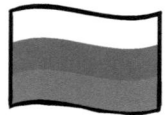

російська

dat Rusch

португальська

dat Portugiesch

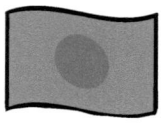

бенгальська

dat Bengaalsch

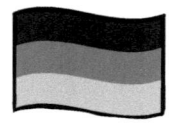

німецька

dat Düütsch

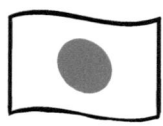

японська

dat Japaansch

я

ik

ти

du

він / вона / воно

he / se / dat

ми

wi

ви

ji

вони

se

хто?

keen?

що?

wat?

як?

woans?

де?

woneem?

коли?

wannehr?

ім'я

de Naam

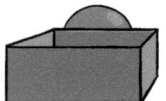

ззаду

achter

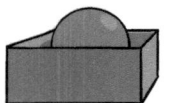

в

in

перед

vör

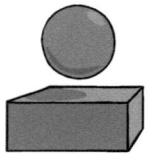

над

över

на

op

під

ünner

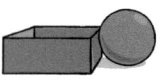

біля

blangen

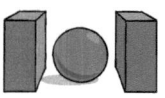

між

twüschen

місце

de Oort